AF267944

SŒUR

MARIE-DU-ROSAIRE

RELIGIEUSE DOMINICAINE

PAR

L'ABBÉ E. DUNAC

PROFESSEUR DE PHILOSOPHIE

FOIX

TYPOGRAPHIE, LITHOGRAPHIE ET LIBRAIRIE DE POMIÉS FRÈRES

1864

SŒUR

MARIE-DU-ROSAIRE

RELIGIEUSE DOMINICAINE

C'est une ancienne et pieuse coutume dans les monas-
tères de Dominicaines, quand vient à mourir une religieuse, d'écrire sur sa vie une *notice*. Cette notice est
communiquée à toutes les maisons de l'Ordre. Ainsi
s'établit, selon le conseil de l'Apôtre « *rivalisez de zèle
entre vous* », un voisinage d'esprit et de cœur qui con-
tribue puissamment à la perfection.

Serait-ce une indiscrétion que d'étendre ces pieuses
communications jusqu'aux fidèles qui vivent dans le
monde ? Ceux-ci auraient-ils moins besoin de bons exemples ? Seraient-ils moins avides de tout ce qui édifie,
moins empressés à le rechercher ? Le cloître a sa légende
pieuse et vraie : pourquoi le monde ne goûterait-il pas
cette piété et cette vérité ? Et puis, est-ce que les vertus

de ces Chrétiennes plus ferventes, malgré le soin qu'elles ont eu de cacher leur nom et leurs œuvres durant leur vie, malgré cette humilité qui ne connait jamais une distraction, n'appartiennent pas à l'Eglise, à la société Chrétienne tout entière, et n'en sont pas sa gloire la plus pure et la plus enviée? Ne serait-ce pas encore la pensée de l'Apôtre, lorsqu'il dit en parlant des Chrétiens qui ont le bonheur de connaître et d'aimer Jésus-Christ, qu'ils doivent *être offerts en spectacle au monde entier, aux anges et aux hommes*, aux *anges* de la solitude et du cloître et aux *fidèles* qui vivent au milieu du monde. Rien ne nous paraît d'ailleurs plus utile aux personnes du monde que de leur proposer de bons exemples. Si souvent on est fatigué, découragé par le scandale! Rien ne serait mieux fait, à mon avis, pour animer les âmes ferventes, fortifier les âmes faibles, peut-être même pour ramener à Dieu et à la foi des âmes que le malheur des temps en aurait éloignées. Les unes et les autres y trouveraient consolation, force et lumière.

Celle dont nous allons esquisser la vie, n'a été connue que de ses sœurs du cloître. Son nom ne fut jamais prononcé dans le monde. Aussi est-ce en tremblant que notre main respectueuse va la détacher de cette obscurité profonde, où elle-même s'est ensevelie. Nous voudrions retenir longtemps sous notre regard ému cette figure aimable et douce pour notre commune édification. Nous le savons : cette vie n'a nul besoin de nos louanges. Ce qui importe à Celle dont je parle, c'est que son nom soit écrit dans le livre de vie. Mais nous mettons notre joie à faire ce qui lui est inutile, à offrir à sa mémoire un tribut d'hommage qui retourne à notre cœur comme une consolation, ou mieux encore comme une bénédiction. N'y eût-il que cela, c'en serait assez pour inspirer ces quelques lignes.

I

Mlle Héléna ROUSSEL naquit à Pamiers le 1er avril 1832 d'une famille où les vocations religieuses ne devaient pas faire défaut. C'était de bon augure pour sa prédestination. Elle ne connut guère sa mère. Elle eut le malheur de la perdre « à cet âge où le cœur n'a pas encore de mémoire. » Peut-être dût-elle à cette circonstance d'être de bonne heure sérieuse et sensée. Ses facultés intellectuelles et morales se développèrent vite, et aussi, dans un égal progrès, une vivacité de caractère qui devait lui coûter bien des larmes dans la suite. Dès qu'elle eut atteint l'âge de raison et qu'elle sentit ce que c'est que de n'avoir pas de mère, la pauvre orpheline se tourna instinctivement vers le Ciel, comme la fleur vers le soleil. Privée des caresses d'une mère sur la terre, elle rechercha celles de notre bonne Mère du Ciel. Elle s'accoutuma à regarder Marie comme sa mère, à la consulter, à l'appeler à son aide. Cette tendre dévotion envers la Très-Sainte Vierge grandit avec elle. Entre autres grâces, elle lui dût sans doute de se conserver pure au milieu de l'abandon où fut laissée sa jeunesse. Aucun détail ne nous est connu sur sa première communion. Comment se prépara-t-elle à cet acte si solennel, à ce sacrement si saint ? Quels furent ses sentiments de foi, sa modestie, son recueillement, son ardente prière ? Nous n'en savons rien. Dieu le sait. Nous pouvons néanmoins présumer que c'est de ce jour-là que la jeune enfant commença d'éprouver ce désir, qui ne la quitta plus, de se consacrer à Dieu.

Son éducation fut négligée. Tout dans cette vie devait être l'œuvre de la grâce. Elle montra cependant une aptitude particulière pour la musique, et les succès qu'elle obtint dans cette étude s'ajoutèrent bientôt, dans l'orgueil paternel, à la plus tendre prédilection.

Mais ce qui valait mieux, c'était le développement de

sa vie vers la piété. Elle en embrassa avec empressement tous les exercices et s'efforça d'en comprendre le sens et l'amour. Un des plus vifs plaisirs de son enfance était de décorer sa petite statue de la Sainte Vierge et de la disposer sur la commode de sa chambre comme sur un autel. Elle s'entourait d'images, de livres pieux : toutes choses qui faisaient sa joie. Elle communiquait à ses compagnes ses pratiques pieuses et les décidait à les accepter. Puis elle leur en demandait compte et s'informait de leur fidélité. Dès qu'on l'aimait, il fallait aimer avec elle Jésus et Marie.

L'innocente enfant devint bientôt jeune fille, et cette transition, périlleuse pour la plupart, acheva de mûrir ses pensées et de tourner son cœur vers les choses de Dieu. Dans ses méditations plus fréquentes et plus longues, elle puisa la force de résister à toutes les séductions auxquelles son âge l'exposait.

Une rare modestie la protégeait. Elle n'était ni trop grave, ni trop enjouée. Elle parlait peu, et d'autant moins qu'elle sentait davantage. L'ensemble de son extérieur n'attirait pas précisément le regard ; mais la maturité précoce de son esprit, la réserve de ses manières, tout son air inspirait la sympathie et le respect. Incapable de déguisement, sûre à ses amies, reconnaissante des moindres services, vive à sentir les injures, facile à les pardonner : tels étaient les traits les plus saillants de son caractère.

Un règlement fixait l'emploi de ses journées. La piété, sans rien refuser aux exigences de sa maison, y ordonnait toutes choses. Elle se levait de grand matin, faisait sa prière, passait demi-heure en méditation, entendait la sainte messe où elle communiait habituellement : tels étaient les exercices de la matinée. Sur le soir venaient la visite au très-saint Sacrement, la récitation du chapelet, l'examen de conscience, et enfin la prière qui terminait la journée. C'est ainsi qu'elle avait réglé tous ses exercices, indispensable aliment d'une piété vraie et solide. C'est une plus grande idée qu'on ne le croit généralement que ces pratiques pieuses créées par la religion. Elles tracent bien profondément dans l'âme les sillons du devoir et y retiennent l'eau vive qui rafraîchit le cœur et fertilise la vie. Leur observance apporte, je l'avoue, quelque contrainte, mais ces contraintes elles-mêmes deviennent agréables par l'habitude et font goûter cette parole de notre adoré Sauveur : « Mon joug est suave, mon fardeau est léger. » Aussi la jeune fille pieuse, qui a assez de courage pour s'y astreindre avec persévérance, jouit-elle d'une ineffable paix de cœur inconnue de la jeune fille mondaine. Douce est la rosée qui tombe au matin sur la fleur nouvelle : plus douce est la piété sur le cœur qui s'ouvre à la vie.

Sous cette égide salutaire de la piété, Mlle Héléna s'avançait avec confiance dans l'avenir. Cependant son âme recelait un secret, dont elle ne s'ouvrait guère qu'à Dieu dans le silence de la prière, ou dans la ferveur de ses actions de grâces après la sainte communion. Elle rêvait la vie du cloître. Son intelligence précoce lui faisait entrevoir le néant des choses d'ici-bas. Elle ressentait un dégoût invincible pour le monde et les plaisirs du monde. Sa pensée prenait hardiment son vol à travers l'azur infini. Qui dira ses chagrins quand, de temps à autre, il lui arrivait d'entendre former dans sa famille quelques plans dont elle était l'objet? Elle en restait profondément troublée durant plusieurs jours, et ne parvenait à retrouver son repos qu'après avoir épanché son âme aux pieds de Dieu et d'ordinaire avec des torrents de larmes. C'était sur un bien autre fond, plus pur, plus radieux, qu'elle se plaisait à tisser son avenir avec les fils d'or de ses espérances. Etrange faculté donnée aux caractères extrêmes de se faire un idéal de vie dont on prend possession par avance et auquel on ramène tous ses désirs et ses efforts, ses joies et ses douleurs. Héléna avait donc le pressentiment de sa vocation future. Mais, cette vocation, serait-elle à même de la réaliser un jour ? Les circonstances actuelles semblaient mettre au défi sa volonté. Son père n'avait qu'elle et fondait sur sa tendresse filiale l'espoir de sa vieillesse. De plus, une de ses sœurs, étant morte, lui avait laissé sa petite fille à peine âgée de trois ans. D'une part, son père qui ne consentirait jamais à se séparer d'elle ; d'une autre, l'engagement de son propre cœur, qui n'aurait jamais le courage de rendre sa fille adoptive deux fois orpheline. Quel peu d'espoir laissaient à sa vocation ces difficultés insurmontables ! Il lui fallait une grande foi pour espérer contre toute espérance.

Dès ce moment sa vie devint plus retirée. A l'exemple de sainte Catherine de Sienne, de sainte Rose de Lima et de plusieurs autres saintes, elle se fit dans la maison paternelle une solitude où elle adorait, loin du bruit et du tumulte du monde, l'époux unique qu'elle s'était choisi et auquel elle avait voué son cœur. Cette solitude, c'était sa chambre. Elle s'y plaisait comme à l'église. Elle ne la quittait qu'à regret et y retournait toujours avec bonheur.

Combien de jeunes filles dans le monde qui possèdent ce trésor d'une chambre à elles, et qui ne l'apprécient pas !

Mlle Héléna considérait sa chambre comme une religieuse sa cellule. C'était sa Thébaïde dans le monde. Elle y travaillait, elle y priait, elle y pleurait, — achèverai-je? — elle y souffrait. Ma main tremble d'écrire ceci. O sœur bien-aimée, n'allez-vous pas tressaillir sous la dalle qui vous couvre, en m'entendant révéler des secrets que vous vouliez ensevelir avec vous dans la tombe! Que de fois, protégée par l'obscurité et le silence de la nuit, elle y exerçait sur son corps de sanglantes rigueurs. Lui était-il arrivé de commettre quelque légère faute dans la journée, le soir elle se maltraitait sans aucun ménagement et prenait sur la délicatesse de ses membres de terribles représailles. Souvent elle y prolongeait ses veilles et donnait à la prière des heures sans les compter. Souvent encore elle s'étendait pour prendre son sommeil sur la descente de son lit et passait là la nuit entière. Cet exercice lui était devenu si familier qu'elle s'endormait assez facilement à cette dure place, au point que plus tard, au couvent, elle trouvait que la planche qui sert de couche à la Dominicaine était encore trop molle. Je copie quelques lignes d'une de ses lettres. « Soyez ras- « suré sur l'état de ma santé. Je suis admirablement « bien sur la planche, j'y dors à merveille. Vous aurez « peut-être quelque peine à le croire et pourtant je ne vous

« dis que la vérité. Je ne m'en sens pas du tout. Je me
« trouve sur ma planche aussi bien que dans le large lit
« que j'ai quitté. Je me dis bien souvent que c'est encore
« trop doux pour l'épouse d'un Dieu crucifié, car il n'y
« a pas là de gros clous, ni de couronne d'épines comme
« sur le lit de mon bien-aimé. » Il en fut de même des
jeûnes et des autres pénitences en usage dans le monastère, tant elle s'y était exercée à l'avance. Quand on
songe à la faiblesse de son âge et de sa santé, — elle
était habituellement souffrante — les yeux se mouillent
involontairement de larmes. Elle se livrait à toutes ces
austérités dans la maison de son père, sans y être
poussée par aucun conseil ni par aucun exemple. On
dirait qu'elle pressent que sa vie sera courte et qu'elle
doit se hâter d'imprimer sur son corps les *stigmates* sacrés
de Jésus-Christ.

Telle fut sa vie tant qu'elle vécut dans le monde.

Il y eut pourtant une ombre dans cette existence si
pure : je veux parler de ses vivacités de caractère qui
eussent été capables de tout gâter, si moindre eut été
l'énergie de sa volonté, le courage de sa vertu. Elle connaissait très-bien l'impétuosité naturelle de son tempéra-
ment et elle luttait avec force contre ce défaut.

« La vie de l'homme sur la terre est un combat. » Qui

ne le sait? S'étudier, connaître ses faiblesses, en triompher : la vertu n'est pas à d'autres conditions. C'est une noble chose que de se vaincre. Plus la résistance dont on triomphe est forte, violente, invincible, plus la victoire est belle.

A ce titre, quoi de plus glorieux pour notre chère sœur que cette lutte continuelle, incessante contre les vivacités de son caractère? Que de sueurs, que de larmes, que de sang, elle lui coûta ! N'oublions pas de dire à quelle protection elle avait recours au moment du danger. Avec plus de ferveur que jamais elle s'adressait à Marie *cette tour de David à laquelle — dit l'Écriture — sont suspendus les boucliers des forts.*

II

Mlle Héléna venait d'atteindre sa vingt-cinquième année. Toujours remplie des mêmes désirs, elle offrait à Dieu ses gémissements et ses larmes. Elle lui demandait la grâce de pouvoir réaliser ce qu'elle croyait sa vocation, et attendait patiemment qu'il lui en indiquât la route et lui en fournît les moyens. Quelquefois, l'âme tremblante comme la feuille du platane, elle essayait de fléchir son père et d'obtenir de lui un demi consentement qu'elle n'obtenait jamais. D'autrefois, elle repoussait sa chère petite enfant qu'elle aimait d'une tendresse vraiment maternelle, et aussitôt elle se disait : n'avoir pas de mère, hélas ! c'est si triste, et surtout à cet âge ! Et son cœur se brisait. Elle se plaignait alors à Dieu avec une indicible douleur, et qui l'eut vue à ces moments l'eut estimée bien malheureuse. Elle l'était en effet. O tourments ineffables d'une vocation, quels abîmes de douleur vous creusez dans l'âme que vous choisissez pour en faire votre victime ! Elle entrevoyait bien que Dieu l'appelait à une vie plus parfaite, mais elle ne faisait que l'entrevoir, et ces demi-lueurs étaient encore trop obscures pour la protéger toujours contre les tristesses et les abattements de sa position. Un moment elle abandonnait son âme à la confiance ; l'instant d'après ses yeux se remplissaient de larmes, et elle recommençait ses éternelles interrogations : « comment cela pourra-t-il se faire ? » Aucun ange ne venait donner de réponse.

Cependant l'épreuve devait avoir son terme. Dieu va dénouer ses anxiétés cruelles, mais en faisant une nouvelle et profonde blessure : tant il est vrai que toute douleur a sa mystérieuse utilité.

La jeune enfant, qu'elle avait reçue dans ses bras au lit de mort de sa sœur, tombe malade et lui est presque

subitement enlevée. Le coup était douloureux. Elle éclate
en sanglots. Elle a peine à accepter ce nouveau malheur
et à résigner son cœur au sacrifice. Pauvre cœur ! il semblait être fait tout exprès pour la souffrance.

Que d'enfants que Dieu appelle ainsi à lui au premier
âge, avant que le souffle du mal les ait atteints ! Petites
fleurs de vie flétries dans leur bouton ! Pertes cruelles pour
le cœur des pères et des mères. Malheur pour eux, mais
non pour ces chers enfants. Peut-on regretter qu'une âme
s'en retourne au Ciel avec toute son innocence ? « La belle
mort qu'une mort d'enfant, et comme on bénit ces petits
cercueils que l'Eglise accompagne avec allégresse ! J'aime
ceux-là, je les contemple, je m'en approche comme d'un
berceau ; je ne plains que les mères ; je prie Dieu de les
consoler, et Dieu les console, si elles sont chrétiennes. »

Dans cette douleur qu'elle sent à l'excès, Mlle Héléna
puise des forces, des lumières, un détachement plus
absolu des créatures, un abandon plus entier à Dieu. Les
âmes qui ont souffert, savent qu'il y a quelquefois dans les
douleurs les plus amères des grâces de consolation qu'on
ne reçoit guère en d'autres moments. Ainsi en fut-il d'elle.
Elle éprouva de plus grandes ardeurs de tout quitter, puis-
que tout se flétrissait et se brisait si vite.

L'art souverain en toutes choses — mais surtout dans

les vocations — et le secret de tout succès est de savoir attendre. Elle avait su attendre. Sa nature impétueuse était à peu-près domptée. Son âme était prête à recevoir une direction plus forte. Elle était capable de sacrifice et d'héroïsme. Quel moment que celui où une âme peut dire à Dieu avec vérité comme le Prophète : « Mon cœur est prêt, Seigneur ! mon cœur est prêt. »

Un fait bien consolant à l'époque où nous vivons, c'est — dans notre chère France surtout — la renaissance des Ordres religieux. Aucun ne sollicite davantage le regard, aucun ne révèle mieux la grâce d'en haut sur notre société nouvelle, aucun ne dit mieux les forces intimes et vivantes de l'Eglise, la fécondité intarissable du Catholicisme. Un orateur illustre appelait naguère sur ce fait l'attention d'une illustre assemblée, et lui montrait de la main, comme le spectacle le plus consolant de notre temps, ces « Ordres religieux d'hommes et de femmes sortant chaque jour des lugubres ruines du passé et de la poussière stérile du présent, dégagés de tous les abus dont la rouille les avait longtemps infectés sous l'ancien régime, semant au milieu de nos orages révolutionnaires, de notre civilisation maté-rielle, de notre luxe effréné, des prodiges d'activité mo-rale, de mortification, de dévouement, formant des communautés incomparablement plus régulières, plus austères qu'autrefois et quelquefois non moins nombreuses. » Et cela malgré les dénonciations quotidiennes de la presse intolérante , malgré les entraves que ne cessent de leur susciter les ennemis de Dieu et de l'Eglise.

Aujourd'hui donc , avec notre civilisation moderne , une âme qui a reçu au cœur la grâce d'une vocation est libre de la suivre , de se retirer du monde et d'embrasser la vie religieuse.

Dans la grande société des Ordres religieux , il y a plusieurs familles. Le choix de l'Ordre religieux le plus en rapport avec les aptitudes et les besoins de chacun est encore chose importante. Bien que tous les Ordres religieux aient pour dernier terme la gloire de Dieu et la sanctification des âmes , comme ils tendent à ce but commun par des moyens divers , chacun a son esprit propre qui le caractérise et le distingue. C'est ainsi que la divine Providence ménage à ses enfants des ressources variées à l'infini avec les natures si diverses et les besoins particuliers de chacun d'eux.

Ici encore admirons les voies adorables de la miséricorde divine sur sa fille privilégiée. Mlle Héléna se sentait appelée à la vie cloîtrée. Où chercher , où prendre cette vie ? Dans sa ville natale , un couvent de Carmélites lui offrait un asile. La Carmélite vit pauvrement et rudement,

2

Elle couche sur la planche, marche pieds nus, jeûne presque tous les jours de l'année et se meurtrit fréquemment par de sanglantes disciplines. Elle est séparée du monde par des grilles qui — selon le mot de Bossuet — « menacent étrangement ceux qui en approchent. » Cette vie était bien propre à séduire une âme ardente comme celle de Mlle Héléna. il semblait donc naturel qu'elle entrât au Carmel de Pamiers. D'ailleurs ses affections semblaient l'attirer là. En ce moment vivait, à l'ombre de ces murs bénis, une de ces âmes rares, même dans les cloîtres, qui ont bu à la coupe du sacrifice jusqu'à l'enivrement. C'était la mère Thérèse-de-la-Croix, prieure du couvent. Près de cette âme généreuse, qui avait su tout sacrifier du côté de la nature pour obéir à la grâce, Mlle Héléna allait souvent s'encourager et s'éclairer. Elles étaient cousines. Il semblait donc qu'Héléna dût se fixer là. Nulle part ailleurs, elle ne pouvait espérer une plus grande lumière, jointe à une plus grande sainteté. Par une de ces claires intuitions, dont Dieu se plaît à favoriser souvent les âmes qui sont chargées de diriger les autres, la mère Thérèse-de-la-Croix n'avait pas tardé à reconnaître dans sa jeune cousine une réelle vocation. Cependant quelque joie qu'elle dût éprouver à la voir entrer au Carmel, jamais elle n'écouta sur ce point une pensée humaine :

elle n'avait jamais eu confiance qu'Héléna put devenir fille de sainte Thérèse.

Sur ces entrefaites, une apparition se lève tout à coup devant le regard étonné de Mlle Héléna. L'étoile de saint Dominique, de sainte Catherine de Sienne, de saint Thomas, brille à ses yeux. Cet Ordre qu'elle ne connaissait pas, dont elle avait à peine entendu parler, la sollicite puissamment, l'attire à rebours de son cœur. Qu'est-ce? Qu'est-ce? Mais elle ignore où il y a un couvent de Dominicaines; elle n'en connaît aucun dans son pays. Elle sait seulement qu'une main pieuse relève de ses ruines le monastère de Prouille, ce berceau de l'Ordre des Dominicains.

Elle se trouble. Une lutte s'engage dans son âme et vient ajouter ses perplexités nouvelles aux difficultés déjà presque insurmontables qu'elle rencontrait ailleurs.

Elle errait ainsi au-dedans d'elle-même dans ces incertitudes douloureuses, lorsqu'un événement imprévu sembla la ramener à ses premiers projets. La mère Thérèse-de-la-Croix fut ravie à sa communauté. Sa mort fut prompte comme un coup de foudre. Dieu avait trouvé ce fruit mûr pour le Ciel et il l'avait fait cueillir par ses anges. Héléna en demeura consternée. On descendit le corps de la chère défunte dans le chœur des religieuses. Elle sollicita la faveur de veiller et de prier auprès du corps. Elle demeura la nuit entière, au fort de l'hiver, devant cette grille et devant ce cercueil. Que se passa-t-il durant les heures de cette longue nuit entre son âme et l'âme échappée à la terre ? Nul n'entendit ces confidences sublimes de deux âmes si dignes l'une de l'autre. Seulement au lendemain, Mlle Héléna semblait avoir fixé ses hésitations. Elle s'était persuadée que c'était au Carmel que Dieu l'appelait. C'en était fait. Elle le croyait du moins. O voies de Dieu dans le cœur de sa créature inconnues à la créature elle-même ! Dieu qui se plaît à bander les yeux pour mener par des chemins dont lui seul connaît le terme, un instant la laissa faire. Puis il fit appel de sa volonté confusément entrevue à sa volonté plus clairement manifestée. De plus vives lumières vinrent l'éclairer. Elle comprit bientôt qu'elle se trompait, et que c'était aux Dominicaines, et non aux Carmélites, que Dieu la voulait. Elle entendit l'antique mot du croisé : « Dieu le veut ! » Et elle sentit soudain une grande correspondance intérieure avec une douce satisfaction, qui l'assuraient que c'était bien là la volonté de Dieu. Ce fut au point que son ardeur s'animant de plus en plus, elle disait : « Faudrait-il aller à Rome pour » trouver un couvent de Dominicaines, je n'hésiterais pas. » Je partirais de suite, si je n'en pouvais trouver ailleurs. »

Rien ne sera plus capable d'ébranler désormais sa résolution. Le sacrifice va être plus difficile, mais aussi plus généreux ; plus dur au cœur, mais aussi plus agréable à Dieu.

A travers les mille circuits par lesquels la grâce se plaît à mener les âmes, Mlle Héléna était enfin arrivée à connaître le but suprême de sa vie. Sa vocation était décidée. Restaient de grandes difficultés pour l'exécution : difficultés heureuses du reste puisqu'elles vont lui donner occasion de déployer tout le courage et toute la générosité de son caractère.

Une première difficulté, celle du monastère où elle devait se présenter, fut bientôt levée. Au pied des Pyrénées, entre Tarbes et Pau, fleurit un monastère de Dominicaines, le premier de l'Ordre rouvert en France après la tourmente révolutionnaire. La communauté venait en ce moment de diminuer ses rangs pour porter ailleurs une fondation nouvelle. Mlle Héléna fut présentée à Nay, et accueillie avec cette bonne grâce qui semble dire : « Déjà nous vous aimons. »

Une difficulté plus sérieuse était de détacher le dernier lien qui retenait Mlle Héléna à Pamiers : ce père dont elle dirigeait la maison et qui ne pouvait se passer d'elle. Inutile d'espérer qu'il consentirait à la laisser partir. A cette difficulté, elle avait réfléchi longtemps, et au moment de la surmonter pour Dieu, elle sentit son cœur se briser sur cette pierre dure. « Telle est l'infirmité du cœur humain qu'après avoir ardemment désiré un sacrifice lorsqu'il était éloigné, si le sacrifice se rapproche et devient possible, le cœur s'épouvante et n'en veut plus. » Une voix toute puissante parla : « Si quelqu'un aime « son père ou sa mère plus que moi, il n'est pas digne « de moi.... Levez-vous, ô ma fille bien-aimée ! Ou- « bliez le pays qui vous a vu naître et la maison de « votre père. » Il n'en fallut pas moins pour ranimer un courage abattu. Dieu seul pouvait imposer un pareil sacrifice et l'obtenir.

Le départ fut donc résolu et le jour fixé au 1er juin.

Tout ceci avait lieu durant le mois de mai, ce beau mois que l'Eglise appelle le *mois de Marie*. Mlle Héléna occupait l'harmonium de son église paroissiale, et accompagnait le chant des exercices du soir. Jamais peut-être elle n'avait reçu, ni senti autant d'inspiration. Ses doigts, aussi rapides que l'éclair, parcouraient le clavier et allaient chercher la touche qu'ils devaient presser pour en faire jaillir ces flots d'harmonie qui ravissaient les âmes et les transportaient au Ciel. Sans s'en douter, elle communiquait quelque chose des célestes ardeurs qui passionnaient son âme en ce moment décisif. Plus tard elle aimait à se rappeler ces derniers adieux, car c'étaient des adieux.

Au lendemain de la clôture du mois de Marie, Mlle Héléna s'éloignait de Pamiers, — non pour aller en visite chez une de ses tantes, comme on le croyait, — mais pour quitter le monde et aller se donner à Dieu pour toujours.

Elle est donc partie.... confiante en l'étoile des voyageurs et sans autre guide que l'Ange qui accompagna le jeune Tobie. On ne peut s'empêcher d'être ému en pensant à ce qu'il a fallu d'énergie et de courage à cette pauvre enfant pour s'échapper ainsi furtivement de la maison de son père, et s'aventurer toute seule dans un pays qu'elle ne connaissait pas. Elle avait reçu le matin même le *viatique* du voyage qui donnait à son cœur la force dont il avait grand besoin. Elle put conserver ainsi un calme apparent, mais ses yeux trempés de larmes témoignaient de la violence qu'elle était obligée d'employer pour se contenir.

Comme tous les grands actes de la vertu chrétienne, celui-ci blesse et ravit. Il excite à la fois l'étonnement et l'admiration. L'esprit est tenté de se révolter, et le cœur pleure. L'amour profane a ses sacrifices; il faut bien que l'amour divin ait les siens. Laissez-nous le bonheur de les rencontrer quelquefois sur notre chemin. Nous voulons en contempler la beauté avec ravissement, et en respirer, comme d'une fleur du Ciel, le virginal parfum.

Oserons-nous noter ici une circonstance de bien petite importance auprès de celles que nous racontons ? A la première station de son voyage, Mlle Héléna, se cachant soigneusement de tout regard, rencontre cependant sur son passage une jeune fille, et l'une et l'autre, sans s'être jamais vues, s'abordent comme si elles se connaissaient et se cherchaient. Grande fut leur joie et pieux leurs entretiens durant les quelques heures qu'elles passèrent ensemble. Jamais depuis elles n'ont cessé de s'aimer tendrement. Les lettres d'Héléna, datées du couvent, sont pleines du souvenir de son amie. Celle-ci eut la délicate attention de lui offrir la couronne qui devait ceindre son front au jour de ses noces spirituelles. Elle fut jalouse de la faire elle-même de ses mains et entremêla aux roses blanches de blancs boutons d'oranger. Héléna reçut ce don de l'amitié avec les plus affectueux sentiments de reconnaissance. Je copie une de ses lettres : « J'ai été bien sensible au souvenir « d'E. Je ne sais pourquoi, depuis que je l'ai vue ma

« pensée se porte toujours vers elle. J'accepte avec joie
« la couronne qu'elle m'envoie. Je suis heureuse de cette
« attention. Après ma profession, j'irai déposer ma cou-
« ronne sur la tête de notre bonne Mère du Ciel et la
« supplierai de bénir celle qui me l'a offerte. » Dans
le monde on comprend peu ces affections soudaines,
fleurs du ciel qui naissent, à la grâce de Dieu, d'un soupir,
d'un mot, d'un regard partagé. Cependant on en rencontre assez souvent des exemples dans la vie des Saints.

Tandis que Mlle Héléna courait en toute hâte sur le
chemin de Nay, une scène déchirante se passait dans
la maison de son père. M. R. s'apercevant de la fuite
de sa fille ne peut contenir la douleur qu'il en ressent.
Il se laisse aller au plus violent désespoir. Il a perdu sa
consolation en ce monde et le repos de sa vieillesse.
Comment consentirait-il à sacrifier cette enfant unique
qui lui est aussi chère qu'Isaac l'était à son père Abraham ?
A l'heure de sa plus profonde douleur, il reçoit une
lettre marquée de plus de larmes que de mots.

« Mon bon Père, souffrez que je vous dise par
« écrit un dernier adieu, n'ayant pas eu le courage de
« le faire de vive voix. Si je ne vous ai pas dit mes
« projets, ce n'est pas manque de respect ni de confiance,
« mais par appréhension de vous causer une peine trop

« vive, et aussi parce que mon cœur se désolait à la
« pensée de vous quitter.... Pressée par la voix de Dieu
« qui m'appelle à lui, j'aurais craint d'être infidèle si je
« n'avais obéi aux mouvements de ma conscience et à
« ceux de la grâce... je suis partie. Si cette séparation
« vous est pénible; croyez qu'elle me fait cruellement
« souffrir. Daignez, mon bon Père, me pardonner le
« chagrin que je vous cause. Je vous le demande à
« genoux. »

Mlle Héléna était arrivée au terme de son voyage. Elle
était venue sonner timidement à la porte du monastère
Saint-Dominique, et les portes du cloître s'étaient ou-
vertes pour la recevoir. Ah! Il était bien temps! Entrez,
enfant, entrez. Une cellule, un doux nid va recevoir
votre âme fatiguée. Vos mères et vos sœurs vous atten-
dent. Ici tout est cœur pour vous aimer et vous bénir.

C'est un beau jour que celui où, pervenus au terme
de nos désirs, tout voile levé, toutes incertitudes dissi-
pées, le front serein et le cœur à l'aise, nous avons le
secret de Dieu sur nous, et nous asseyons notre tente
là où nous espérons achever de vivre. « Jusque là les
plus beaux rêves sont troublés, le découragement suc-
cède à l'exaltation, et plus on a reçu de Dieu, plus
ses dons en nous ouvrant des perspectives ajoutent au

mélancolique tourment de l'avenir. » Aussi nous semble-t-il comprendre quelle grande dilatation de cœur dût éprouver notre chère sœur, lorsque enfin elle se trouva là où Dieu la voulait. Mais écoutons-la. C'est elle-même qui va nous faire la confidence de son bonheur. Désormais nous pouvons puiser à pleines mains dans ses lettres. C'est là que nous apprendrons à la mieux connaître. C'est là que tiennent, comme dans un vase fidèle, les plus suaves parfums de son âme.

« Monastère St-Dominique de Nay, ce 5 juin 1858.

« Je m'empresse de vous faire part de tout ce que
« mon cœur ressent depuis mon arrivée dans la maison
« du Seigneur. Lorsque je vous ai quitté, j'étais assez
« calme ; cependant j'avais le cœur bien gros, comme
« vous avez pu le remarquer. Je suis arrivée à Nay ven-
« dredi matin à dix heures sans être du tout fatiguée. »
Elle avait dû pourtant se rendre à Nay par St-Girons,
St-Gaudens et Tarbes. Or ce trajet, qui ne se faisait
alors que par des messageries et pas même par des services directs, était long, pénible, monotone. La route,
surtout depuis Tarbes, a peine à se frayer un passage
sur de continuels accidents de terrain. La campagne est
nue et l'œil n'y découvre qu'un paysage morne et sans
intérêt. « En me présentant au monastère, les bonnes

« religieuses se sont empressées de m'ouvrir les portes
« chéries de leur maison, et, ce qui m'a été plus sen-
« sible, de m'ouvrir leurs bras et leurs cœurs. Elles
« sont si bonnes ! Je ne puis me taire de leur amabi-
« lité, elles ont été à mes petits soins, et vraiment
« beaucoup trop bonnes » ajoute-t-elle avec une grâce
charmante. « En me recevant, elles ont chanté un can-
« tique sur les *Adieux au monde*. Tout cela était bien
« touchant. J'ETAIS HEUREUSE. » Le cri de son âme ravie
se perd bientôt dans ses larmes. Elle vient de songer
à ce qu'elle a laissé derrière elle, à ses tombeaux ché-
ris, à son père bien-aimé. « Le démon n'a pas tardé à
« se montrer jaloux de mon bonheur. Tout ce que j'ai
« quitté s'est représenté à mon esprit. J'ai surtout pensé
« à mon pauvre père, aux personnes qui m'ont témoi-
« gné de l'intérêt, à la distance qui me sépare d'elles.
« Cela m'a causé une très-grande douleur. Encore en
« ce moment je me sens étouffée par mes sanglots. A
« peine si j'y vois pour écrire. Mes yeux sont inondés
« de larmes. » Tant il est vrai de dire que la religion
au lieu d'étouffer les affections légitimes n'en fait que
doubler l'énergie en les purifiant. Mais aussitôt : ô triomphe de la grâce sur la nature ! « Je suis désolée de me
« voir en cette situation, alors que je ne devrais penser

« qu'à remercier le Seigneur de m'avoir si heureusement
« conduite au port. J'ai un très-grand désir d'être Do-
« minicaine et d'aimer beaucoup le bon Dieu. »

III

Après cette crise, aussi décisive que terrible, Mlle
Héléna se met résolûment à l'œuvre. « Nous comprîmes
de suite — disent les religieuses du monastère — l'ardeur
de son âme, la capacité d'aimer qu'avait son cœur, et
nous pûmes apprécier ce dont elle serait capable. Une
extrême vivacité de nature lui rendait la pratique de
toutes les vertus religieuses un exercice laborieux et con-
tinuel. Mais sa foi était vive : elle ne recula devant
aucun sacrifice pour arriver au but de ses désirs. »

Dès son entrée au couvent, on lui donna le nom de
sœur *Marie du Rosaire*. Un nom n'est pas chose indiffé-
rente. Nous verrons tout à l'heure combien elle porta
celui-ci avec honneur.

Elle eut à lutter longtemps et vivement contre les ten-
tations que lui suggéraient ses souvenirs. « La pauvre
nature voudrait avoir sa part, mais je veux toujours

« bien fermement la laisser crier sans l'écouter. » Le
violent désir qu'elle avait de sa perfection ne la laissait
jamais transiger avec son devoir. Elle comprit à l'instant
même que le point le plus essentiel, vu son caractère
ardent, était d'abdiquer sa propre volonté et de la poser
en la sainte obéissance. Là était en effet pour elle l'u-
nique sécurité. « Vous m'avez confiée à un ange *invi-*
« *sible* (l'ange St-Raphaël) qui n'a cessé de veiller sur
« moi et qui, après m'avoir conduite heureusement ici,
« doit toujours rester avec moi jusqu'au moment du grand
« sacrifice. Dieu m'en a donné un second portant le
« même nom que le premier, mais *visible*, qui doit
« aussi soutenir mes pas chancelants, me porter, s'il le
« faut, dans ses bras maternels. » Elle fait allusion à
sa maîtresse des novices qui se nommait sœur Raphaël.
« Puissé-je aux conseils de ces deux anges être toujours
fidèle ! » Son cœur avait besoin d'épanchement et de
tendresse. Mais, soit timidité attachée à tous les grands
dons de l'âme, soit impuissance de la parole pour les
dire, il fallait aller au devant de ses confidences et les
provoquer en quelque sorte. La bonne maîtresse des novices y fut de suite. « J'éprouvais une si grande crainte
« pour notre bonne mère que j'osais à peine la regarder.
« Je souffrais beaucoup de ne pouvoir lui ouvrir mon

« cœur et me délivrer ainsi de mille pensées impor-
« tunes qui venaient troubler mon âme. Mais enfin,
« grâce à Dieu, j'ai surmonté cette tentation. Mainte-
« nant à la moindre petite peine je vais librement à
« elle. Elle est si bonne ! Je ne puis vous exprimer
« quels soulagements et quelles consolations j'en éprouve.
« Je suis forte maintenant contre le démon. Je ne trouve
« de bonheur que lorsque j'agis par obéissance. » C'était
déjà un progrès.

Dieu voulut récompenser ces premiers efforts par une
grande abondance de joie intérieure. « Il me semble que
« je suis née au couvent. Ma timidité me contrarie bien
« parfois et m'arrête dans beaucoup de choses que je
« voudrais faire pour me rendre utile ; cela me fait un
« peu souffrir. Mais parmi ces épines, je sens *la paix*
« *de l'âme.* Je trouve qu'on est heureux de souffrir
« quelque chose, et je pense bien souvent que c'est pour
« cela que je suis venue ici. Tout ce qui m'effrayait
« auparavant, me paraît maintenant facile. S'agit-il d'un
« acte d'humilité, je suis bien plus confuse de le voir
« faire à mes sœurs que de le faire moi-même. Je ne
« puis revenir de ma surprise quand je me demande
« s'il est bien vrai que je suis au couvent de Saint-
« Dominique. Il me semble que c'est un rêve *tant je*
« *suis heureuse.* »

Cette vertu d'obéissance, la principale des vertus d'une novice Dominicaine, n'était pas aussi aisée à sœur Marie-du-Rosaire qu'elle veut bien le dire. Qui ignore que ce n'est que sur les ruines de la nature que s'élève l'édifice de la grâce ? Or, sœur Marie-du-Rosaire de sa nature était très-vive et très-hautaine. Pour vaincre cet orgueil inné, quelle sérieuse attention sur elle-même, que de prières, que d'œuvres de pénitence et de charité, il fallut employer ! Elle n'aurait su être obéissante à moindres frais. « Aujourd'hui même j'ai commencé à « demander à notre mère une pénitence ; peu de chose « à la vérité. Je dois aller me prosterner les bras en « croix devant l'autel de la Sainte-Vierge le temps d'un « *Ave Maria*. Vous me connaissez mieux que je ne me « connais moi-même et vous pouvez juger si ma pauvre « nature répugne à tout cela. En dépit d'elle, j'espère « bien persévérer avec la grâce de Dieu. » Si faible est notre volonté que d'heure en heure elle glisse, prête à nous échapper. A chaque instant il faut recommencer la lutte. On avance, on recule, on est entraîné par le courant, on le remonte : voilà la vie tout entière. Quel cœur pourrait se garder d'une vive émotion en lisant les lignes qui vont suivre ? « Pourquoi donc suis-je si lâche « et si infidèle ! Pourquoi suis-je si misérable ! Je ne « suis capable de rien. A la moindre petite épreuve,

« au moindre petit sacrifice, ma pauvre nature se ré-
« volte, au point que je souffre horriblement pour la
« vaincre. Dans certains moments, je succomberais à
« la vivacité de mon caractère, si Dieu ne venait à
« mon secours en me faisant sentir toute mon ingratitude.
« C'est alors surtout que mon âme est en proie à de
« cruels regrets. *Je voudrais pouvoir donner ma vie pour*
« *réparer mes fautes.* Quand je fais réflexion à la patience
« qu'ont mes bonnes mères de me supporter malgré mon
« orgueil, mon amour-propre, je suis confuse au-delà
« de tout ce que je puis dire. *Je voudrais aller mettre*
« *mon visage dans la poussière.* J'ai mérité mille fois
« qu'elles me dépouillent de leur saint habit et qu'elles
« me renvoyent de leur maison. » Quelle candeur !
quelle ingénuité de vertu ! Toujours les mêmes violents
désirs de perfection ; toujours les mêmes accents de dé-
solation de se voir aussi imparfaite ; toujours la même
générosité dans la lutte. On est bien tenté de s'écrier :
Heureuses fautes, qui nous valent de si beaux actes
d'humilité, de générosité, et que Dieu aime presque,
tant la générosité lui est aimable ! Heureuses fautes qui
non seulement se perdent et disparaissent dans les vertus
d'une vie si sainte, mais qui se transforment elles-mêmes
en vives lumières et en saisissantes clartés !

Ce fut dans ces laborieux exercices de l'obéissance, de l'humilité et de la mortification, que s'écoula rapidement l'année du noviciat ; de sorte que cette année qui n'est, pour les vertus ordinaires, qu'un examen plus sérieux de vocation, ou tout au plus une initiation à la vie religieuse, fut pour sœur Marie-du-Rosaire une année de progrès dans la perfection, preuve souveraine d'une âme sûre d'elle-même. Comme un arbre favorisé et placé *au courant des eaux*, elle se chargea de fruits à l'heure où les autres se chargent à peine de feuilles et de fleurs.

L'époque de la profession approchait. Sœur Marie s'excitait à redoubler d'ardeur pour se préparer à cette grande solennité. Elle attendait avec une sainte impatience le moment de faire l'irrévocable offrande d'elle-même à Notre-Seigneur. A l'occasion de la profession d'une novice plus ancienne qu'elle : « Entreprendrais-je « de vous dire les sentiments qui ont agité mon cœur « durant cette touchante solennité ? Je soupirais, je pleu- « rais ; il me semblait que j'étais là prosternée les bras « en croix et que je pressais Jésus sur mon cœur en « lui faisant le sacrifice de tout moi-même. Oh ! que « j'aurais voulu que cette heure bénie eut déjà sonné « pour moi ! Quand me sera-t-il donné de jouir de la

« même faveur? Bientôt! Bientôt! Je l'espère. » Chaque jour ses désirs, deviennent plus vifs. Elle est délicieuse dans ses transports : « Je suis fiancée à Jésus ; encore « quelques jours et je serai son épouse! Oh! à cette es-« pérance je me ranime et je tressaille de bonheur! « Priez pour que je prépare bien mon cœur à contracter « une si sainte alliance. » Cette dernière préoccupation la saisit au vif à mesure que le terme approche. Elle se recommande aux prières de tous. Elle aurait volontiers supplié à genoux toute la création de l'aider à obtenir de Dieu ce qu'elle ne savait pas assez demander. « Je me sens dans l'impuissance d'exprimer moi-même « à Dieu mes sentiments. Je ne sais que répéter : mon « doux Jésus, je vous aime! Je désire vous aimer « davantage; préparez vous-même mon cœur. » C'est qu'elle entrevoyait, sous un autre aspect que celui de la joie et du bonheur, ce jour désiré. Elle comprenait qu'elle n'allait pas *alléger son fardeau*, mais qu'au contraire elle allait contracter une obligation plus étroite de travailler à son avancement spirituel. Les vœux religieux épouvantaient cette âme qui ne manquait pas cependant d'une généreuse envie de la perfection. De même que dans l'ordre intellectuel certains esprits d'élite ont comme horreur de l'*à peu près* en fait de sciences; de même dans l'ordre spirituel certaines âmes ne sauraient se contenter de l'*à peu près* en fait de perfection. Sœur Marie-du-Rosaire était de ce nombre. Elle se décèle elle-même sans s'en douter. Ecoutons-là : « Je ne cèderais pas le « bonheur qui m'est réservé pour tous les royaumes du « monde, et cependant *je préfèrerais mourir que d'être* « *religieuse à demi ou de nom seulement.* » Parole d'or, et que nous ne saurions assez méditer. « *Oui*, répète-t-« elle, *plutôt mourir !* »

Sous l'influence de cette ferveur toute séraphique, sœur Marie-du-Rosaire prononça ses vœux solennels. Ce fut le 2 octobre 1859. Ce jour-là son visage était radieux. Ses paroles exprimaient les suaves joies qui débordaient de son âme. Il nous semble entendre encore les accents de sa voie émue, tremblante, mais courageuse et forte, lorsqu'elle prononça au pied des autels la formule consacrée des vœux religieux. On comprenait de quel cœur elle se donnait à Celui que son âme aimait et qui la possédait toute entière. Les personnes accourues en foule à cette solennité ne purent contenir leur émotion et accompagnèrent de douces larmes le sacrifice de cette sainte vie. L'auguste Reine du Rosaire, dont l'Église célébrait précisément la fête en ce jour et que sœur Marie avait pris pour sa patronne spéciale, dût venir l'honorer de sa présence.

On lit dans la vie de sainte Catherine de Sienne qu'au jour de son mariage mystique avec Notre-Seigneur, la Mère de Dieu prit dans sa main très-sainte la main droite de Catherine, et la présenta à son Fils en lui demandant de vouloir bien l'épouser dans la foi. Le Sauveur y consentit avec amour et lui offrit un anneau d'or, orné de quatre pierres précieuses, au centre desquelles brillait un diamant magnifique. Pourquoi ne croirions-nous pas que Marie ait daigné offrir aussi à Jésus la main de cette nouvelle épouse? O divines condescendances du Ciel pour la terre, saurions-nous jamais vous trop exalter!

Ici-bas l'idéal du bonheur pour quiconque n'a pas reçu d'en haut la révélation particulière d'un don meilleur, c'est l'union la plus parfaite possible à une créature aimée. L'élan de la nature nous pousse là. Cependant combien sont faibles, fragiles, impuissantes à retenir un peu de bonheur ces unions de la terrre! Contractées avec la pensée qu'on ne les brisera jamais, elles sont souvent trahies, plus souvent oubliées. Elles épuisent leur immensité à remplir un jour de l'existence, et le soir elles tombent à terre comme des fleurs fanées. Elles ne tiennent guère que par des « nœuds de rubans. » Qu'on y mette toute l'élévation de l'esprit, toute la délicatesse du cœur, toute la poésie de l'imagination, il leur reste toujours un réalisme qui les alourdit. L'égoïsme des sens dicte des lois là où l'on voudrait ne voir dominer que la spiritualité de l'âme. Aussi ces unions n'atteignent pas la destinée dernière de l'homme. Elles ne sont que pour la terre , que pour le temps « Au Ciel — nous dit le divin Maître — il n'y aura plus de noces. Nous ressemblerons *aux anges.* »

Or, il y a quelques créatures privilégiées à qui Dieu envoie dès ce monde quelques pressentiments de cette vie du Ciel. L'amour de la terre, si purifié qu'il soit , est encore trop grossier pour elles Que d'autres en jouissent ! Elles espèrent aller au-delà de l'*aimer des hommes* , il leur faut l'*aimer des anges.* D'un bond elles franchissent les confins de la vie et l'esprit les porte par avance sur les rivages de l'éternité. La méditation les doue comme d'une seconde vue qui leur donne la perception des choses spirituelles et éternelles. Elles se sentent des ailes. Elles volent haut , plus haut que ne va l'aigle. Elles atteignent des zônes célestes et là entonnent, avec les cœurs angéliques, un cantique que la mort même ne fait pas taire.

O beauté , ô joies de fiançailles religieuses ! heureuse l'âme qui vous a connues !

Le cérémonial de la profession prescrit qu'à un moment indiqué la jeune professe dépose sa couronne de roses blanches, et la remplace par une couronne d'épines. En posant sur sa tête cette couronne d'épines, symbole mystérieux de mortification, sœur Marie-du-Rosaire demanda secrètement à Dieu de ne la plus quitter. Il plut à Dieu de l'exaucer.

IV.

Chaque jour, à partir de ce moment, est empreint d'une souffrance : souffrance d'esprit, souffrance de cœur, souffrance de corps surtout. La santé de sœur Marie, quoique habituellement délicate, n'avait pas donné jusque-là la moindre crainte sérieuse. Elle avait même paru s'affermir durant l'année du noviciat. Mais, je viens de le dire, sœur Marie avait demandé à Dieu au jour de sa profession la grâce de souffrir. « Une épouse — c'est elle » qui parle — doit tout partager avec son époux. J'ai » donc prié mon bon Jésus de me tresser une couronne » d'épines et de la placer sur mon front, trop heureuse » si après cela je puis lui ressembler dans sa parfaite sou- » mission. Ce n'est pas pour rien que je porte le titre » d'épouse de Jésus. Époux crucifié : Épouse crucifiée

» aussi ! Je le désire tant ! » Il ne nous reste guère maintenant qu'à assister au spectacle d'une agonie qui va durer quatre ans.

Peu de jours après sa profession , sœur Marie se sentit plus fatiguée. La faiblesse de ses organes ne répondait pas aux aspirations ardentes de son âme. Elle accomplissait avec un zèle toujours croissant les saintes observances de la règle , mais elle sentait qu'elle était mal secondée par ses forces. Elle souffrait tout le jour et ne dormait guère la nuit. Bientôt des douleurs plus accusées vinrent accroître la difficulté de ses exercices habituels. Une extrême sensibilité de gencives l'empêcha d'user des aliments ordinaires. Il fallait tout lui détremper. Cet assujétissement était pour elle , si désireuse de faire comme les autres , une vive contrariété. Faute de pouvoir prendre une nourriture suffisante , survint un affaiblissement général qui occasionnait à tout instant des évanouissements. Il fallut bien renoncer à quelques-uns des exercices communs. L'obéissance les exigea d'une volonté qui ne savait guère encore ce que c'était que d'avoir des ménagements envers une santé travaillée d'un mal cruel. Ceux-là qui, à force de courage et de résolution, ont accoutumé leur volonté à s'appliquer à tout , à tenter même ce qui parait impossible , ceux-là seuls comprendront le supplice

qu'elle en dût éprouver. Les douleurs devinrent d'autant plus opiniâtres que l'épuisement était presque complet. Sœur Marie n'eut plus un moment de repos. En vain s'efforçait-elle par l'énergie de son caractère de lutter contre le mal, elle en sentait chaque jour davantage les inexorables étreintes. Elle connut dans toute leur rigueur les souffrances sans relâche qui rongent la vie pendant le jour et qu'on retrouve la nuit sur un chevet mouillé de larmes. Bientôt il ne lui resta plus que le faible souffle qui suffit aux entretiens intimes de l'âme avec Dieu. Son corps dévoré par la fièvre s'amoindrit et se réduisit aux proportions du corps d'un enfant. On voyait passer de temps à autre sur ses lèvres le sourire de la douceur, mais toute sa personne était couverte comme d'un voile ; il ne restait plus qu'une ombre d'elle-même. La plus tendre charité cherchait bien à ranimer cette vie qui penchait sur son déclin ; elle-même luttait encore contre la mort, mais elle entrevoyait de jour en jour l'approche de l'éternité. Elle écrivait déjà au mois de février — sept mois avant sa mort — : « La pensée de la mort m'est devenue
» habituelle : j'y pense sans frayeur. Je ne trouve pas de
» plus douce consolation qu'à m'en entretenir. J'éprouve
» un vif désir d'aller au bon Dieu et de m'unir à lui.
» On me dit que je guérirai, que ma maladie n'est pas

» mortelle. Je sais fort bien que les médecins ne disent
» pas le danger au malade. Depuis si longtemps je me
» traîne impuissante ; j'ai en dégoût toute nourriture. Ce
» sont autant de signes qui me disent que je dois me
» préparer à mourir. » Ces dernières paroles nous indi-
quent que le sacrifice était fait. Mais ne nous hâtons pas
trop vers le dénouement.

Nous n'avons dit que les souffrances corporelles de
notre chère sœur. Cette épreuve est déjà bien terrible,
alors surtout qu'elle se prolonge et qu'elle prend la vie
goutte à goutte. Mais combien davantage elle est terrible,
quand à ces douleurs viennent se joindre celles de
l'esprit et du cœur. Espérances frustrées, contradictions,
oppositions, rigueurs de la pauvreté, abandon des
personnes qui nous sont les plus chères et sur lesquelles
il semblait tout naturel de compter. Et quand Dieu lui-
même se plaît à aggraver cet état... ô mystère ineffable !
Il arrive que lorsque Dieu veut nous éprouver, il nous
charge de sa croix, et dès aussitôt il nous dérobe sa
présence consolatrice. La nature gémit et se sent abattue.
Nulle parole d'encouragement, nulle bénédiction, et la
croix devient de plus en plus lourde, le chemin plus
difficile. Nous marchons dans l'obscurité à travers l'orage
et nous tombons. Les anges ne sont pas là pour nous

relever et nous aider. Il nous faut un miracle de force pour le faire de nous-mêmes. La voix sur laquelle nous nous traînons est rude, couverte de cailloux, hérissée d'épines. L'angoisse de la mort serre notre cœur. N'importe. Il faut monter au calvaire. Il faut être infatigable quand on est plus fatigué. Là haut la croix nous attend ; elle nous appelle. Quand Dieu veut, nous arrivons enfin. Mais en arrivant, nous tombons épuisés sur le rocher où nous agonisons. Les anges s'approchent cette fois, non pour nous consoler et nous fortifier, mais pour nous crucifier. Ils nous clouent à la croix et aussitôt l'obscurité s'épaissit sur la montagne ; la nuit nous enveloppe comme d'un linceul. Nous jetons un cri qui part des profondeurs de nos angoisses spirituelles : Mon Père ! Mon Père ! Pourquoi m'avez-vous abandonné ! Ces mystérieuses épreuves, ces délaissements, ces ténèbres intérieures, cette agonie de l'âme, ce lent crucifiement qui arrache une larme au ciel même et qui fait le martyre non sanglant, rien n'a manqué à notre chère sœur. Et je l'en félicite ; car rien non plus ne doit manquer aujourd'hui à sa gloire. La vertu toujours heureuse, toujours allègre, toujours triomphante n'est pas le plus grand spectacle que la terre puisse offrir au ciel : il y faut « ce je ne sais quoi d'incomparable et d'achevé que le malheur ajoute à la vertu. »

Il peut nous être utile de savoir où sœur Marie-du-Rosaire alla puiser la force nécessaire pour soutenir de pareilles douleurs. Après le secours de la grâce si puissant sur une âme de *bonne volonté*, trois motifs l'aidèrent puissamment.

Le premier fut le désir d'imiter les souffrances de Notre-Seigneur Jésus-Christ. Comme l'abeille a ses fleurs préférées, elle aimait à butiner de préférence dans ses méditations sur les fleurs pourprées de la passion du Sauveur. Jésus crucifié : tel était son idéal de perfection. Son ambition était de se faire à son image. Elle le suivait du jardin des Olives au prétoire, du prétoire au calvaire, du calvaire à l'autel, et elle le voyait partout couvert de sang. Ne pouvant mêler le sien à celui de son amour crucifié, elle se plaisait à y mêler ses souffrances sans nombre et sans mesure, et elle y ajoutait par surcroît ses larmes « ce vrai sang du cœur ». Après ces pieuses effusions, dont l'amour faisait tous les frais, il lui arrivait d'éprouver les plus douces joies. « Durant
« une longue nuit de souffrances, pendant laquelle je
« ne pus trouver une seconde de repos, je me suis
« mise en oraison, mon crucifix dans les mains. Là
« assise sur mon lit, durant le profond silence de la
« nuit, je repassai dans mon esprit les souffrances de

« mon Sauveur. Je me disais : Il t'a prise pour son
« épouse , il ne t'abandonnera pas. J'éprouvai bientôt
« une paix , un calme , une douceur que je ne puis
« exprimer ; je me trouvai *heureuse* de pouvoir souffrir
« en union avec mon Jésus. » Une autre fois : « Mon
« âme est constamment broyée par les souffrances que
« j'endure. Presque sans sentiment, je me traîne au pied
« de la croix. Au moment où il me semble que je perds
« confiance , la croix de mon Sauveur se grave plus
« profondément dans mon cœur. Je médite plus amou-
« reusement sur les souffrances de la passion , et je me
« trouve bientôt toute changée intérieurement. *Je ne*
« *donnerais pas pour toutes les santés les plus florissantes*
« *le plus petit brin de mes malaises continuels.* »

Un autre motif lui faisait aimer les souffrances : c'était
le sentiment de ses propres péchés. Le monde entendra
bien peu ce langage. Elle n'avait rien fait qu'eût osé
condamner la morale du monde la plus sévère, et néanmoins elle se croyait « une pécheresse ». Cette expression
revient sans cesse dans ses lettres. Elle se croyait une
pécheresse et elle se traitait comme telle. Les saints
sont rudes pour eux-mêmes , parce qu'ils savent quel
maître ils ont offensé, quel ami ils ont méconnu. Ils
voient et condamnent leurs moindres fautes. La justice

devant laquelle ils auront un jour à comparaître les remplit d'effroi, et ils s'imposent les plus cruels châtiments pour des fautes dont nous ne songeons pas même à demander pardon. Sœur Marie était de cette école des saints. « Je suis si pécheresse, j'ai si mal correspondu « aux bontés de mon Dieu que je frémis en pensant « d'aller lui rendre compte de ma vie. »

Enfin un troisième motif était cette pensée qu'il y a dans la souffrance une grâce d'apostolat, de rédemption. Nous ne sommes pas seuls sur la terre. Des liens de sang, d'alliance, des liens — quelquefois plus forts — d'amitié, nous unissent à d'autres êtres. Nous les aimons. Nous regardons leur âme dans la nôtre. Ceux d'entre nous qui vivent de devoir, de vertu, qui poursuivent l'amour dans le sacrifice, ceux-là surtout ont des êtres qui leur sont chers. Or souffrir pour ces êtres, est-ce souffrir? Est-ce souffrir lorsque, derrière la souffrance, on aperçoit le salut d'une âme? La piété chrétienne croit à ces sacrifices, en vertu desquels sont purifiés et sauvés ceux pour qui on les offre. Rien n'est plus consolant, plus aimable, plus divin. Heureux père, heureux frère, rachetés par les larmes de votre fille innocente, de votre sœur au cœur d'ange, à l'âme de neige! Heureuse la famille qui a dans son sein un être pur condamné à souffrir!

C'est l'ange gardien, l'ange tutélaire, l'ange rédempteur de la famille. Sœur Marie pensait constamment aux siens durant ses longues souffrances. « Je prie pour eux. Je « m'offre pour eux. Puisse Dieu m'agréer pour victime! »

Pour ces trois motifs, elle aimait la souffrance et s'y établissait comme en un lieu préféré. Ses sœurs du cloître ne peuvent se lasser d'admirer et de louer son angélique patience et son ardeur à offrir à Dieu ses souffrances, surtout en la dernière phase de sa vie.

Et ce n'est pas le seul exemple d'édification qu'elle leur ait donné. Nous sommes obligés, pour n'être pas trop long, de négliger des faits ou des vertus qui s'offrent en foule sous notre main dans le courant de ce récit.

« Quelle moisson de fleurs à remplir des corbeilles! »

Cueillons-en néanmoins quelqu'une de plus. La piété nous le permet, si elle ne nous le commande pas.

V.

Sœur Marie aimait d'une tendre affection l'Ordre de Saint-Dominique. Elle avait reçu de lui la vie religieuse et elle lui rendait l'amour. Rien de ce qui pouvait con-

tribuer à sa gloire ou à son extension ne lui était indifférent. Ce sentiment s'était formé de bonne heure dans son cœur. Elle n'était encore que novice qu'il lui semblait déjà qu'elle partait, pleine d'allégresse, chargée des vœux de ses compagnes, pour aller faire une fondation nouvelle. Elle aurait acheté par les plus durs sacrifices une telle joie. Écoutons-là plutôt. « Si vous saviez
« comme nos cœurs bondissent à la pensée d'aller établir
« quelque part une fondation Dominicaine! Nous nous
« prenons à la plus petite lueur d'espérance.... Notre
« Père saint Dominique nous a laissé par testament ce
« zèle pour la propagation de notre saint Ordre. Chaque
« soupir, chaque palpitation, qui s'échappent de nos
« cœurs sont autant de prières que nous faisons monter
« vers le cœur de notre divin Maître pour lui demander
« de bénir nos projets. Jamais nous ne nous lasserons
« de prier à cette intention. » Dans une autre lettre:
« Ah! si par mes vœux et mes supplications, je pouvais
« hâter ce moment heureux! Vous pouvez croire que je
« m'excite à prier avec ferveur auprès des saints autels
« de Notre-Dame du Rosaire et de notre glorieux père
« saint Dominique. » Et tout-à-coup le sentiment de son indignité personnelle lui venant à l'esprit, elle s'écrie : Que
« fais-je? Que suis-je pour parler ainsi ? Je me connais et

« je sais que je ne suis rien : ce n'est pas de moi qu'il
« s'agit. Mais il y a ici des âmes nobles, généreuses, magna-
« nimes, qui sont dignes de cette grande entreprise. » Un
instant il fut question d'un projet de fondation dans
l'Ariége. Ce projet ne pouvait manquer de remplir de joie
le cœur de l'ardente Dominicaine. Elle écrivait : « Quel
« bonheur — s'il plaisait à Dieu de nous le réserver ! —
« d'aller poser comme de vaillantes abeilles notre ruche
« Dominicaine sur le sol béni qui fut le théâtre des pre-
« miers travaux de notre Bienheureux Père saint Domini-
« que ! » On sait en effet que saint Dominique étant venu,
au péril de sa vie, évangéliser le Languedoc, établit à
Notre-Dame-de-Prouille, au pied des Pyrénées, les
fondements de son Ordre. Foulques, évêque de Toulouse,
heureux de favoriser cet Ordre naissant, s'empressa d'offrir à Dominique trois églises : l'une à Toulouse, l'autre
à Pamiers, la troisième située entre Sorèze et Puy-
Laurens et connue sous le nom de Notre-Dame-de-Lescure.
Chacune de ces trois églises était destinée à recevoir un
couvent de Frères Prêcheurs. On comprend quel puissant
intérêt s'attachait pour ces motifs à une fondation Dominicaine dans l'Ariége. Les religieuses de Nay eussent été
heureuses de faire refleurir dans notre pays, par l'apostolat
de leurs prières et de leurs pénitences, l'Ordre religieux de

leur saint fondateur. Ce projet échoua. Notre chère sœur en reçut un coup mortel. Elle arrache des larmes , quand on lui entend pousser ce cri : « Pour moi, je ne dois plus songer qu'à aller fonder au Ciel ! »

Elle honora d'une prédilection marquée une pratique spéciale de son Ordre : je veux dire le Saint-Rosaire. Ecoutons sur l'origine et l'excellence de cette pratique pieuse le célèbre auteur de la *Vic de saint Dominique :* « Lorsque l'archange Gabriel fut envoyé de Dieu à la Bienheureuse Vierge Marie pour lui annoncer le mystère du Fils de Dieu dans son chaste sein, il la salua en ces termes : *je vous salue Marie pleine de grâce, le Seigneur est avec vous, vous êtes bénie entre toutes les femmes.* Ces paroles, les plus heureuses qu'aucune créature ait entendues, se sont répétées d'âge en âge sur les lèvres des Chrétiens, et, du fond de cette vallée de larmes, ils ne cessent de redire à la Mère de leur Sauveur : *je vous salue Marie.* ... Or, quoique les Chrétiens eussent coutume de tourner ainsi leur cœur vers Marie, cependant l'usage immémorial de cette salutation n'avait rien de réglé et de solennel. Les fidèles ne se réunissaient pas pour l'adresser à leur bien-aimée protectrice : chacun suivait pour elle l'élan privé de son amour. Dominique qui n'ignorait pas la puissance de l'association dans la prière, crut qu'il serait utile de l'appliquer à cette salutation angélique et que cette clameur commune de tout un peuple assemblé monterait jusqu'au Ciel avec un grand empire. La brièveté même des paroles de l'ange exigeait qu'elles fussent répétées un certain nombre de fois, comme ces acclamations uniformes que la reconnaissance des nations jette sur le passage des souverains.... Le rationaliste sourit en voyant passer des files de gens qui redisent une même parole; celui qui est éclairé d'une meilleure lumière comprend que l'amour n'a qu'un seul mot et qu'en le disant toujours, il ne le répète jamais. » Sœur Marie l'avait compris, ce mot. Elle savait pénétrer jusqu'à la beauté intrinsèque des choses divines, et elle goûta fort cette manière de prier. Elle se souvenait que, bien jeune encore, elle préférait demeurer dans l'église, après les offices, pour s'unir aux personnes qui récitaient le Saint-Rosaire que de sortir avec ses compagnes et aller prendre part à leurs promenades. Elle trouvait déjà un inexprimable bonheur à adresser à sa divine mère la glorieuse salutation de l'ange sous cette forme Dominicaine. En entrant au monastère, par une de ces inspirations que rien d'humain n'explique, ses mères lui donnèrent le nom de sœur *Marie-du-Rosaire*. Elle le reçut, ce beau nom, comme un présent de sa Mère du Ciel et l'honora dès ce moment avec une tendresse toute filiale. Ce fut encore — nous l'avons dit — au jour où l'Eglise célèbre chaque année la fête du Saint-Rosaire, qu'elle fut appelée à prononcer ses vœux de religion. Sa dévotion envers le Saint-Rosaire s'accrut de toutes les émotions de ce jour solennel. Elle promit à Marie de méditer sans cesse sur quelqu'un des mystères de notre rédemption qui furent tour à tour pour la Bienheureuse Vierge un sujet de joie, de douleur et de triomphe. Ces augustes mystères furent depuis ce moment l'objet le plus fréquent de ses méditations. Son rosaire — seul joyau que permette l'austérité du cloître — était sa plus chère parure ; elle le baisait avec amour ; elle le mettait en couronne autour de sa tête. Elle aimait les pensées cachées sous ces grains bénits. Elle effeuillait sans discontinuer — disent ses compagnes — cette rose mystique dont le parfum embauma son âme. Au plus fort de son mal — c'était deux mois avant sa mort — la communauté de Nay suivait les exercices d'une retraite. Le bon père Dominicain, qui donnait la retraite, eut l'heureuse idée d'établir dans la maison le *Rosaire perpétuel.* Sœur Marie l'a entendu. Elle accourt pâle, exténuée. Sa présence au chœur excite un frémissement. Elle se place devant l'harmonium silencieux depuis bien des jours, et, sous la fièvre continue de sa joie, elle se surpasse elle-même en tirant de l'instrument des sons dont elle aurait voulu faire monter les notes jusqu'au trône de la Reine des Cieux. C'est le cygne qui chante avant de mourir. Ces transports se renouvellent à plusieurs reprises le lendemain et les jours suivants, et électrisent cette pauvre âme sous le coup mortel. On eut dit qu'elle sentait tous ses désirs accomplis. Son monastère lui apparaissait plus vaste, plus éclairé, plus joyeux. Elle y voyait davantage l'image du Ciel. Elle ne pouvait taire son bonheur en pensant que l'Immaculée Reine du Rosaire allait y recevoir un infatigable hommage. Elle écrivait : « Le *Rosaire perpétuel* « est établi dans notre communauté, *ce paradis de la* « *terre*. Quel bonheur de penser qu'à toutes les heures « du jour et de la nuit deux ou trois associées réciteront « fidèlement le Saint-Rosaire ! Notre bonne Mère ne de- « meurera pas une minute sans rcevoir la glorieuse « salutation angélique, non, pas même une minute. »

Sœur Marie se distingua encore par son respect pour les saintes Règles de son Ordre. Dans le monde, on ne sait guère ce que c'est que de vivre sous une règle. La plupart du temps on ne consulte pour agir que son goût, son caprice du moment. On ne met aucune suite dans ses actions ; on redoute par dessus tout l'uniformité qui

engendre la monotonie. On essaye tantôt une chose, tantôt
une autre, et il arrive qu'on s'ennuie bientôt de tout.
Dans les communautés religieuses, au contraire, tout est
réglé. Chaque moment a son emploi marqué, chaque
heure son œuvre prescrite. L'inconstance naturelle est
fixée. On n'y vit point sous la conduite incertaine et
toujours dangereuse de soi-même; on y vit d'obéissance.
On y obéit à la Règle. Que dis-je ? On obéit à Dieu, qui
daigne se charger de nous dès que nous nous sommes
dépouillés de nous-mêmes. A peine Sœur Marie eut-elle
franchi le seuil de la maison qui lui donnait asile, qu'elle
s'appliqua à en suivre la règle avec cette ardeur qu'elle
apportait à tout. Dès le principe, cette ardeur — disons
le — fut excessive et par là manquait de cette sage
modération que comporte la perfection religieuse. En
voulant toucher le but, souvent elle le dépassait. La mère
des novices eut quelque peine à contenir ces empresse-
ments désordonnés. C'est là une des plus délicates difficultés de la maîtresse du noviciat. Démêler le vrai
principe qui pousse à l'action, et diriger les mouvements
sans les trop dévier ni les étouffer : ceci exige une habileté
peu commune. La moindre imprudence peut tout gâter.
Au lieu d'employer ces vives excitations, excellentes pour
des âmes lentes ou molles, la maîtresse de Sœur Marie

comprit à quelle âme elle avait affaire. Elle la contint, la modéra, l'apaisa, et surtout s'efforça de la dilater dans la confiance. Cette direction eut le plus complet succès. Sœur Marie conserva dans la règle la libre allure de ses mouvements et la spontanéité de ses inspirations. Elle en observa les plus minutieux détails avec une intelligence qui ajoutait un nouvel éclat à son obéissance. Elle aimait tant la règle qu'une interruption forcée ou un retour aux exercices de la communauté sont de véritables événements dans cette vie si simple d'ailleurs. Elle ne manquait pas d'en signaler sur ses lettres le regret ou la joie. « J'ai « eu le bonheur d'observer les jeûnes du carême dans « toute leur étendue. Comme j'ai été heureuse et contente! » — « Je me sens fort affaiblie ; je suis dans l'impossibi- « lité d'observer les jeûnes, même ceux qui sont ordonnés « par la sainte Eglise. » — « Ma santé dépérit. Ce qui « me cause le plus de chagrin, c'est de ne pouvoir remplir « certains points de la règle. Combien je souffre à ce « sujet ; je n'aurais pas cru que cela me fut aussi péni- « ble. » Lui arrivait-il de la violer par inadvertance en quoi que ce soit, elle ne s'en consolait pas. Elle était inexorable sur ce point. Elle s'en punissait par des prostrations, par la confession publique au Chapitre et par d'autres rigueurs que l'on pense.

Parlerai-je de son amour pour l'Office divin ? Il faut bien qu'il y ait quelque part sur la terre des âmes qui prient bien , qui prient beaucoup, pour tous ceux qui prient mal ou qui ne prient pas ; des âmes qui fassent monter vers le Ciel d'incessantes supplications pour apaiser la colère de Dieu et alléger le poids des iniquités du monde. Les communautés religieuses se chargent spécialement de cette auguste mission. Grâce à elles, la prière ne se tait jamais sur la terre. Voilà un des grands bienfaits de ces Ordres dont on calomnie à plaisir *les contemplations oisives.* Sœur Marie s'acquittait de ce devoir de la prière publique avec un amour et un respect profonds. Elle se mit tout d'abord et avec beaucoup de soin au courant des rubriques du saint Office Dominicain. Elle s'appliqua à la prononciation du latin qui est la langue de l'Eglise. Elle répétait dans sa cellule certains mots plus difficiles pour s'accoutumer à les bien prononcer. Ce lui était une grande joie quand ses mères la désignaient pour réciter quelque passage de l'Office au chœur. Elle trouvait de très douces consolations dans l'accomplissement de cette prière solennelle. Il lui semblait que, ne priant pas seule , sa prière devait monter au Ciel plus puissante. Elle y était rarement distraite , tant elle appliquait son esprit à la sainte psalmodie. Mais c'était surtout l'Office de la nuit qui la charmait. On sait que les Dominicaines se lèvent la nuit pour réciter l'Office. Au coup de minuit, les portes de toutes les cellules s'ouvrent avec une sorte de douceur. La petite lampe de chaque religieuse projette ses rayons dans la longueur des corridors. A l'instant les rangs se forment dans le chœur et l'office commence. O grande et sainte pensée de la prière durant la nuit ! C'était la nuit quand Marie et Joseph frappaient aux portes de Bethléem et que, repoussés de tous, ils ne trouvaient pas même une place dans l'hôtellerie. C'était la nuit quand l'Enfant divin parut sur la paille de la pauvre étable. C'était la nuit quand les Anges chantaient dans la splendeur d'une éblouissante clarté : Gloire à Dieu au plus haut des Cieux et paix sur la terre aux âmes de bonne volonté ! C'était la nuit quand l'Ange du Seigneur avertit Joseph de prendre la mère et l'enfant et de fuir en Egypte. C'était la nuit quand Marie se levait silencieuse et s'approchait du berceau où dormait l'Enfant, le contemplait dans l'extase et pleurait de bonheur. C'était la nuit quand Jésus quittait ses disciples et se retirait sur la montagne pour prier. C'était la nuit quand il instituait l'adorable sacrement de nos autels. C'était la nuit quand il agonisait au jardin des Olives. C'était la nuit quand les fidèles disciples embaumèrent son corps et le déposèrent dans le sépulcre. C'était

la nuit quand il ressuscita glorieux. O nuits chrétiennes !
O saints et immortels souvenirs ! Les religieuses Dominicaines les célèbrent dans leur Office de minuit. Quand
vous allez prendre votre repos , songez-y. Quand peut-être
vous prolongez vos veilles mondaines durant la nuit, songez-y encore. Pauvre malade , quand la douleur éloigne
de vos paupières le sommeil , souvenez-vous que les
religieuses Dominicaines prient , et que cette pensée
écarte de votre âme l'impatience ou le désespoir. Après
l'Office , il est permis aux religieuses de demeurer au
chœur encore une demi-heure et de prier selon leur dévotion. Durant ces précieux moments , sœur Marie pensait
aux siens , à ceux qu'elle avait connus , aimés , perdus
ici-bas ; à ceux qu'elle possédait encore , mais dont elle
était séparée ; à ceux qu'elle honorait de son amitié ; et
bientôt sa tendresse s'étendait aux pécheurs, aux affligés,
à l'Eglise dont les douleurs émouvaient son âme jusqu'aux
larmes. Ces instants accordés à sa piété étaient la réserve
de son cœur.

VI.

C'était un jour du mois d'août, sur le soir. La pauvre
malade, dévorée par la fièvre, s'était assise auprès d'une
fenêtre qui donnait sur la campagne. Le soleil quittait les

cimes empourprées des Pyrénées et laissait monter vers la fenêtre les fraîches vapeurs de la rivière qui coule tout près des murs du monastère. L'air était pur. Les yeux de Sœur Marie se perdaient dans l'azur des Cieux. En ce moment la bonne mère Prieure, passant près d'elle : — « Ma fille, qu'est-ce donc qui vous captive ainsi ? — Ma Mère, répondit-elle, je regarde par quel chemin j'arriverai au Ciel. — Et lequel découvrez-vous ? — J'entrevois que ce sera celui des souffrances. » — On eut dit qu'elle avait le secret de Dieu.

A peu de jours de là, le sang se précipita avec violence du cœur à la tête, et elle éprouva des douleurs si aiguës qu'elles lui arrachaient des cris. La tête fut ébranlée et les idées de la pauvre malade devinrent de plus en plus confuses. Elle eut toutefois le bonheur de recevoir le saint Viatique avec d'extraordinaires sentiments de ferveur. Elle demanda elle-même le sacrement des mourants et présenta ses mains et ses pieds aux dernières onctions. Son air angélique témoignait de ses entretiens avec Dieu. Sentant ses forces défaillir et voyant ses sœurs auprès d'elle, elle pria son confesseur de les remercier pour elle de leurs bons soins et de leur demander pardon des manquements dont elle se serait rendue coupable à leur égard.

Cette satisfaction donnée à son cœur, la pauvre malade tomba dans un profond assoupissement. Elle se réveillait çà et là pour répéter quelques versets de psaumes, remercier de la main, essayer de sourire et jeter autour d'elle les plus douces clartés de son âme. C'était un vendredi ; on arriva ainsi jusqu'au Dimanche. Vers l'après-midi de ce jour, l'oppression redoubla et on comprit que la pauvre malade touchait à ses derniers moments. L'Ange de Dieu fut envoyé en effet pour délier les faibles liens qui retenaient cette chère âme sur la terre, et sans aucune secousse..... elle s'en alla à Dieu. Il était huit heures et demie du soir, le 6 septembre 1863, veille de la fête de la Nativité de la Très-Sainte Vierge.

O vous, ses compagnes bien-aimées, sortez de vos cellules ; venez, rassemblez-vous de nouveau. Allumez vos flambeaux, jetez des fleurs, chantez des cantiques d'allégresse ; saluez avec joie l'aurore du jour éternel. Voici l'aube de la vraie lumière. Disposez-vous en rangs pressés autour de cette couche virginale ; entourez-là de roses et de lis. Comme le parfum s'exhale de la fleur, comme le fruit mûr se détache de l'arbre, comme la flamme monte du foyer, ainsi s'est élevée son âme sur une nuée de saints désirs. Les Anges lui ouvrent les portes du Ciel et lui chantent en chœur : Salut à toi qui montes de la terre ! viens, fleur de l'humanité, diamant sorti du fond des douleurs, perle sans tache, lien nouveau de la terre et du Ciel ! viens, vole à ta couronne, toi qui as triomphé de la terre ; prends ton diadème ; viens ; sois à nous !

Il le faut. Disparaissez pour nous, ô ma sœur, disparaissez dans les splendeurs de la lumière incréée. Vous nous avez précédés dans la mort, parce que vous nous aviez précédés dans la vertu. Demeurés derrière vous, il nous restera au moins votre cher souvenir. Nous l'évoquerons dans les moments difficiles de notre vie ; il nous animera à tous les sacrifices !

Le lendemain, selon la coutume des communautés religieuses, on exposa devant la grille du chœur les dépouilles mortelles de là chère défunte. Jamais, en pareille circonstance, l'affluence du monde n'avait été aussi considérable. On accourait même de la campagne. Ce fut pour chacun un sentiment naturel d'être persuadé de son bonheur et de l'invoquer comme une élue de Dieu. La foule se pressait devant la grille pour la voir. Elle était là étendue sur son lit de repos dans la majestueuse et sereine beauté de la mort. Ses traits, altérés dans ses derniers moments par la souffrance, reprirent une inexprimable douceur. Toute cette journée se passa à faire toucher au corps des chapelets, des rosaires, des scapulaires, des médailles et autres objets de piété. On est d'autant plus surpris de ces marques de vénération qu'elles s'adressaient à une pauvre petite Dominicaine, jusque là cachée et ignorée de tous, étrangère d'ailleurs à la localité, et n'ayant guère passé au couvent que cinq années. Un dernier fait vint justifier ces hommages empressés. Entendons-le raconter de la bouche même des religieuses du monastère. Il y a dans ce récit de quelques lignes un charme de simplicité naïve, dont nous avions cru le secret perdu.

« Quel ne fut pas notre étonnement lorsque, regardant le petit rosaire qu'elle portait au cou, nous aperçûmes sur quinze des petits grains en suivant et sur un des *pater*, un petit rond de couleur blanche. Ne sachant à quoi attribuer ceci, nous interrogeâmes toutes nos sœurs. Aucune ne savait dire d'où était provenue cette marque bien distincte sur un coco de couleur brune. Nous n'osions y voir quelque chose de surnaturel ; et pourtant nous le trouvions extraordinaire, car lors même que ces nuances se seraient formées par le contact de quelque matière blanche, (ce que nous n'avons pas pu découvrir malgré toutes nos recherches) le nombre de *quinze* correspondant aux mystères si bien honorés et objets de la dévotion si grande de notre chère sœur, nous porte à bénir la Providence dont les desseins sont admirables; ce qu'il y a de certain, c'est que cet incident a été pour toute la communauté une occasion de plus de glorifier et de bénir Marie, et qu'il a laissé dans tous les cœurs un sentiment de reconnaissance et un accroissement de ferveur dans la dévotion aux mystères du Rosaire qu'on ne saurait exprimer. »

Dieu a bien pu aimer assez cette tête chérie pour la juger digne de s'éclairer un instant devant nos regards de l'auréole des saints. Admirable couronnement d'une telle vie !

FIN.

Foix, typographie et lithographie de Pomiès frères. — 42